Reprint Publishing

Fᴜʀ Mᴇɴsᴄʜᴇɴ, Dɪᴇ Aᴜꜰ Oʀɪɢɪɴᴀʟᴇ Sᴛᴇʜᴇɴ.

DIE ANDERE SEITE

EINE MASSENPSYCHO=
LOGISCHE STUDIE ÜBER
DIE SCHULD DES VOLKES
VON **DR. ALFRED ADLER**
NERVENARZT IN WIEN

WIEN 1919
VERLAG VON LEOPOLD HEIDRICH

DRUCK DER HERMES BUCH- UND KUNSTDRUCKEREI GES. M. B. H., WIEN XVII.

Wenn man in der Hauptstadt des verflossenen Habsburgerreiches um 12 Uhr mittags seine Schritte zur Hofburg lenkte, rauschten einem die verwegenen Klänge der österreichischen Militärmärsche entgegen. Eine Menge Volkes begleitete da die aufziehende Burgwache. Bürger und Plebs, Mädchen und Männer und Kinder gingen mit stolzen Gebärden und taktfest bis in den Hof der alten Burg mit und blickten gespannt auf die Ablösung der Wachmannschaft. Und wenn der Tambour den Stab erhob, da erhoben sie nicht nur die Köpfe, sondern auch ihre Herzen pochten im Marschtempo mit.

Täglich war diesem Volke in den Schulen die Verehrung des Herrscherhauses ins Gehirn gehämmert worden. Alle Lieder seiner Kindheit schmeichelten ihm in wundervollen Tönen das Lob der Gesamtmonarchie in die Ohren. Gefälschte Geschichtswerke prahlten mit dem kriegerischen Ruhm des Gesamtvaterlandes und seiner erzherzoglichen und aristokratischen Heerführer und verführten die Seelen der Knaben, im Kriegsmord und in den Schlachten mystische Wonnen zu suchen.

Von den Kanzeln predigten unablässig tausende von beredten Zungen Knechtseligkeit und Sklavengehorsam. Jeder Lehrstuhl weihte den gelehrigen Schüler in die Kunst des Bücklings ein.

In den Friedensgesellschaften gähnte die Langeweile; kein Kopf, kein volkstümlicher Hauch fachte eine gegensätzliche Bewegung an.

Zeitungen und Zeitschriften, Politiker und Parteien buhlten um die Gunst der Herrschenden. Die Kunst suchte Staatsanstellungen oder spähte nach dem Einlaß ins Hofburgtheater.

Wer in die Politik verschlagen wurde, endete in einer Parteianstellung. Und die Parteien selbst hielten sich ministrabel, auch wo sie regierungsfeindlich auftraten. Traten oft regierungsfeindlich auf, um ministrabel zu werden. Beziehungen und Hofgängerei rundeten jede oppositionelle Gebärde ab. Organisation wurde so Lahmlegung des revolutionären Elans, und kraftvolle Persönlichkeiten erschienen neben glatten Politikern als dickstirnig oder verströmten ihr Feuer endlich in den Räumen der Parteibureaus.

Jahrzehntelang währte diese Dressur eines weichen Volkes und erzog es zur Selbstunsicherheit und zum Gehorsam gegen die Oberen.

Da kam der Krieg und niemand wußte woher. Nach allen Regeln erprobter Kriegskunst warfen sie dem Volk ein undurchsichtiges Tuch über den Kopf. Wieder rauschte das militärische Blech auf, gemietete Banden zogen durch die Straßen, halbidiotische Klopffechter hielten eingeblasene Stachelreden, in denen viel vom eigenen Adel und von der Niedertracht der anderen die Rede war, ebenso von einem ganz kurzen Krieg und von einem glänzenden Sieg. Das Volk glaubte durch den dichten Schleier ein Licht zu sehen, fühlte vorerst aber nur seine Ohnmacht.

Da setzte der Generalstab mit seinen Lügennachrichten ein. Vergiftete Brunnen tauchen auf, gesprengte Brücken mitten im Hinterland, in Martern gestorbene treue Grenzbewohner. Die Vergewaltigungen, Brandschatzungen, Kreuzigungen, die Verbrennungen, die schamlosen Hinter-

2

listen, die Verwendung verbotener Mordwaffen, alle zu Lasten der Feinde, nahmen kein Ende. Dann setzte die Hatz auf Spione ein.

In jedem Tramwayabteil, an den Türen der Eisenbahnwaggons, in jedem Pissoir hingen die Warnungen vor Spionen. Fortwährend hörte man von Verhaftungen und von Verrat. Das Volk verlor vollends den Kopf, keiner traute dem andern. Wer noch gerne ein freies Wort gesprochen hätte, hielt es zurück, aus Furcht, auf einen Spion oder auf einen Angeber zu stoßen.

Die Zensur spannte ein eisernes Netz über Stadt und Land. Gerüchte über Todesurteile im Felde wegen harmloser kritischer Bemerkungen in Briefen für die Heimat machten das Briefeschreiben zu einer ängstlichen Angelegenheit.

Überall hörte man von Todesurteilen und Verhaftungen, jedes kritische Wort, auch in der besten Absicht gesprochen, schien oder war von unabsehbaren Folgen bedroht. Weigerungen im Dienst oder Widerspruch gegen Befehle zogen die schwersten Ahndungen nach sich. Die Fälle von sofortiger Tötung wegen geringer Grade von Widersetzlichkeit mehrten sich und hielten fortgesetzt die Bevölkerung in Aufregung.

Vergebens blickte das Volk nach Rettung aus. Die Stadt erhoffte sie vom Lande, das sich meist begnügte, die Nahrungsmittel zurückzuhalten, um so das Ende des wider Erwarten langwierig gewordenen Krieges zu beschleunigen, das Land rechnete mit Aufständen in der Stadt. Journalisten, und was Österreich-Ungarn an Schriftstellern bot, suchten, meist vergeblich, hirnrissige Pläne und Begeisterung für den Krieg und für die Heerführer in die Menge zu tragen. Die Feinde des Krieges unter ihnen und in den Volksparteien traten schwächlich auf, waren auch durch die gewaltsame Schließung des Parlaments in ihrer Wirksamkeit unterbunden. Bald gaben sie das Rennen auf und hielten sich in den Schranken der Zensur, bezogen vielfach ihr Lager im Kriegspressequartier und Kriegsarchiv oder flüchteten ins Ausland. Auch von den nichtdeutschen Nationen, die sich national bedrängt fühlten, war so wenig Widerstand zu erwarten, daß selbst kriegsgegnerische Abgeordnete dem Grafen Stürgkh vorwarfen, er habe durch die Schließung des Parlaments die sicher zu erwartende Kriegsbegeisterung der slavischen Nationen unterbunden. Am stärksten rechnete das Volk auf den Widerstand der Czechen, die den Zeitpunkt ihres Losschlagens leider auf $4^1/_2$ Jahre nach Ausbruch des Krieges verlegt hatten und selbst in den Tagen von Brest-Litowsk nicht unruhig wurden, als die Arbeiter des jetzigen Deutsch-Österreich unabhängig von ihren Führern der Sache ein Ende machen wollten.

Ununterbrochen rollten Züge mit Menschenmaterial auf das Schlachtfeld. Die ihnen zuwinkten, sie aufmunternd grüßten, taten dies, wie man Totgeweihte durch Zuspruch zu trösten sucht. Und die aus den Pferdewagen grüßten und dankten, hatten nicht zum wenigsten aus Stolz ihre Fassung und ihren Übermut bewahrt. Aus den Inschriften und Zeichnungen an den Eisenbahnwaggons, die zu Beginn des Krieges den gesunkenen Mut der Masse aufstacheln sollten, grinste die Muse des Generalstabs. Nicht anders aus den täglichen Heeresberichten und Kriegsschilderungen der Tageszeitungen.

Wer durch Beziehungen, Bestechung oder durch mehr oder weniger fadenscheinige Gründe dem Kriegselend ausweichen konnte, scheute keine Opfer. Viele Instanzen, vom Feldwebel aufwärts, erlagen solchen konzentrischen Angriffen.

4

Auch Ärzte und vornehme Damen, die als Pflegeschwestern eingekleidet waren, standen vielfach offen im Ruf, abwechselnd mit Milde und Strenge ihres Amtes zu pflegen. Andererseits stand dem Militarismus ein Heer von Ärzten, erprobten Karrieristen, willig zur Verfügung, die sich wie die Maschinengewehre hinter den »kriegslustigen« Menschen aufstellten. Sie blieben im Lande, nährten sich redlich und waren nur für Beförderungen, Orden und für ein freundliches Lächeln der Oberen zu haben. Von den Furien des Größenwahns besessen, den sie für Patriotismus und Kriegsbegeisterung hielten, entdeckten viele von ihnen Foltern und Martern vergangener Jahrhunderte, um durch ein »Minimum von Annehmlichkeit« zusammenbrechende Mitmenschen aufzupeitschen und in den Tod zu jagen. Nicht nur die Front, auch das Hinterland drohte mit Tod und Verderben.

Immer wiederholte Musterungen spien immer neue Menschenleiber an die Mündung der Kanonen. Mit Hohn und Spott wurden Einwendungen gegen die Diensttauglichkeit angehört. Bald gab es kein Leiden, das in den Augen eigens ausgewählter Generäle und schnauzbärtiger Oberste galt, keinen Einwand ehrlicher Musterungsärzte, der jenen stichhältig schien. Das Volk sah die vielen gemusterten Krüppel und schauderte. Ein stiller, unermüdlicher, erbitterter Kampf spielte sich zwischen dem Volke und den Musterungskommissionen, der Masse und den Ärzten ab. Man musterte die Prüfungskommissionen, suchte strenge zu vermeiden und drängte sich zu den milden. Man überlief die Ärzte, um sich ein wirkungsvolles Attest und so eine mildere Beurteilung zu verschaffen, und man konnte akademisch gebildeten Personen als Offiziersburschen, Großkaufleuten und Fabrikanten gelegentlich als Handlangern in einem militärischen Warenmagazin begegnen. Großangelegte Enthebungsaktionen förderten die Befreiung kapitalskräftiger oder protegierter Männer. Die maßgebenden Ämter konnten sich nicht vor den zahllosen Beeinflussungen retten. Sie hatten oft als schwerste Aufgabe das Hervorholen solcher Protektionskinder aus dem Stacheldraht ihrer »Beziehungen« vor sich. Es galt als Schande, ohne Beziehungen zu sein und sich den militärbehördlichen Verfügungen ohne Kampf zu unterwerfen, eine Schande, die so recht nur für den armen Teufel von Volk paßte. Der hinwiederum merkte gar bald den Spaß und suchte auf jede Weise dem Frontdienst zu entschlüpfen, zu welchem Zwecke ihm wirkliche, eingebildete oder simulierte Leiden verhelfen mußten. Dabei stieß man wieder auf die festgefügte Front der Ärzte, die zum Teil in einem unerschütterlichen Militärkoller, andernteils aus Furcht vor Abkommandierungen die Front mit Gesunden und Kranken speisten und dabei die sträflichsten Mittel nicht scheuten. Aber bis zum Schluß des Krieges gab es Menschen, die sich den schrecklichsten Hungerkuren unterwarfen, um sich ungeeignet zu machen, andere von Haus aus weniger geeignet, verfielen in monatelang dauernden Schlaf, stellten sich stumm oder taub, und tausende büßten ihre Gehfähigkeit ein oder verfielen in ein krampfhaftes Zittern und erklärten so dem Verstehenden ihre Abneigung gegen den Krieg. Scharfsichtigen Beobachtern entging es auch nicht, daß bei der Auswahl die eigene Nation tunlichst geschont, die fremde härter angefaßt wurde, wie man auch stets von Seite der Obrigkeit bestrebt war, die Nationen derart durcheinander zu werfen, daß die Entscheidung über ihre Dienstfähigkeit fremden Offizieren und Ärzten anheimgegeben war. Rings um das arme, verzweifelnde Volk starrten die Schrecken des Todes,

des Gefängnisses, der Nervenabteilungen, nirgends erstand ein Retter für die Menge, und ihre stumme Qual blieb ungehört in dem Lärm der bezahlten und bestochenen Korybanten. Dann kam der Hunger und die endlos langen Reihen verzweifelnder Weiber und Kinder, die tage- und nächtelang in Regen und Schnee vor den beutelüsternen Kaufmannsläden standen. Was konnte der Wille dieser Sklavenherde gelten, wenn es um Krieg oder Frieden ging!

Diesem stets religiösen Volke ging aller Glauben verloren. Wer in dieser Menschen Seele zu lesen verstand, sah ihre erschütternde Verzweiflung und ihre bange Hoffnungslosigkeit. Die Tat Friedrich Adlers weckte allenthalben stille Begeisterung. Die wich wieder stummer Resignation, als alles ruhig blieb. Nur im Dunkel der Nacht konnte man gelegentlich rebellisches Flüstern hören, und am Ende des vierten Kriegsjahres tönte der Name Wilsons wie ein verhaltener Hilferuf von allen Lippen.

Immer fester würgten Generalstab und Kriegsgewinner. Der Haß des Volkes stieg ins Ungemessene und hat bis in unsere Tage nichts von seiner Schärfe verloren. Am deutlichsten drückte sich gleich zu Beginn des Krieges die Unlust zum Waffenhandwerk in Massendesertion und Überläufertum aus, die eine ständige Sorge der Heerführer ausmachten. Umsonst war da der so beliebte patriotische Bauchaufschwung, umsonst die weltlichen und geistlichen Beschwörungsformeln in allen Zungen der Monarchie. Schon beim ersten Rückzug aus Rußland ließen sich so viele in die Hände des Feindes fallen, daß zur Abschreckung ein von Mund zu Mund geflüsterter Befehl herausgekommen sein soll, von den Zurückbleibenden aus jedem Regiment zwei Mann zu erschießen. Die Feldpolizei hielt die Nachlese. Sonst half man sich mit Maschinengewehren im Rücken der Truppen, wenn es irgendwo an Kampfeifer gebrach. Täglich wurde von Greueltaten berichtet, die der Feind an Gefangenen verübte, — aber die Zahl der vom Feinde Gefangenen wuchs. Wer darf sich wundern, daß die Mehrzahl von ihnen Slaven und Italiener waren? Sie konnten mit dem Feinde sprechen, auf Spuren brüderlichen Entgegenkommens hoffen oder auf die freundliche Gesinnung der Entente. Was aber erwartete die Deutschen, die Ungarn? Ist es wirklich bemerkenswert, daß sie standhafter geblieben waren?

In den höchsten und niedrigsten Stellen saßen Slaven genug, die ihrem Dienst mit Lust und Liebe oblagen. Ein tschechischer Regimentsarzt beantwortete die Frage nach den Kranken bei der Truppe: »Unsere Medikamente sind Kolbenstöße!« Ein tschechischer Stabsarzt verhinderte eine Kommandierung eines andern Tschechen durch den Hinweis, daß dieser »Sokol« wäre, demnach politisch unzuverlässig. Der Druck der zahlreichen slavischen Vorgesetzten machte sich in gleichem Maße fühlbar wie der der andern. Für den Vorurteilslosen gab es keine Unterschiede in der Ablehnung des Krieges, höchstens die Methoden waren andere. Auch Gehässigkeiten unter den Soldaten aus nationalen Gründen kamen selten zum Vorschein. Alle fühlten das gleiche Leid, alle grüßten sich stumm als Gefangene des Krieges, den sie nicht verschuldet hatten. Trüben Blickes suchte jeder das rettende Gestade, während im trüben Gewässer die Galeere träge dahinschwamm. Irrsinnige Schreie durchschnitten die Luft. Einem hatte ein Gott, — der öfters als man glaubt, mit den Wahnsinnigen ist, — das Wort eingegeben, das er unermüdlich Ärzten und Wärtern entgegenrief: »Laßt mich! Ich muß die Menschheit erlösen! Denn ich habe

auf dem Monte Santo den Kelch des Leidens getrunken!«
Feige Scham hielt die Gesunden noch ab, in seinen Ruf
einzustimmen. An der Front und in der Etappe fand man
alle Nationen der Monarchie friedlich und einträchtig im
Warenhandel vertieft.

Dies ist das wahre Seelenbild eines Volkes, dem man
vor der Mitwelt und vor der Geschichte die Schuld an dem
gräßlichen Verbrechen aufbürden will. Wie kam es aber,
daß keiner der musternden Offiziere und Ärzte an dem
Willen zum Krieg geglaubt hat? Daß im Gegenteil jeder
von ihnen unerschütterlich die heftigste Ablehnung des
Kriegsdienstes annahm und feststellte, daß sogar Ärzte zu
den rohesten Zwangsmitteln griffen, weil sie in jedem Kranken
einen Drückeberger vermuteten? Daß eine Unzahl von Be-
fehlen die Aufmerksamkeit auf das Ausreißertum lenkte, daß
die Militärgerichte immer nur auf Abschreckung hinzielten?

Eingepfercht zwischen unfaßbaren Gewalten blieb
diesem verhetzten, versklavten, schmählich mißbrauchten
Volke nur jenes Mittel des Widerstandes übrig, das sich
immer in ähnlichen Fällen einer zersplitterten, von Miß-
trauen erfüllten Masse aufdrängt: die geheime passive
Resistenz. An ihr krankte die ganze Armee. Die Ab-
lieferungen aus Stadt, Ländern und Landgemeinden geschahen saumselig. Ausrüstung, Marschformation und
Reorganisation, Transporte und Abtransport der genesenen
Soldaten geschahen mit größter Unpünktlichkeit. Über
Verschleuderung und Vergeudung der Nahrungsmittel, über
den Mangel der rechtzeitigen Nachschübe hörte man stets
die verwunderlichsten Dinge. Zu allen offenen Leistungen
des Widerstandes fehlte diesem Volk, dem eine Decke
übers Haupt gezogen war, das einigende Band des gegen-
seitigen Vertrauens, ein starkes, geschultes Gemeinschafts-

gefühl. Da keine der vielen Nationen der ehemaligen Monarchie ein solches besaß, kam es bei keiner Nation zu einheitlichen, offenen Revolten, mit Ausnahme des Januaraufstandes der deutschösterreichischen Arbeiterschaft, der nicht durch die Schuld dieser entschlossenen Masse in nichts zerrann.

Als der Zusammenbruch kam, da jubelte das Volk im Vollgefühl seiner wieder errungenen Freiheit. Wie ein Sieger schritt es durch die Straßen Wiens. Sein wahrer Feind, der Generalstab, das Ausbeutertum und die herrschenden Klassen, war unterlegen. Und nun rollt die Woge immer weiter nach links. Das Volk hat seine Niederlage im Juli 1914 erlitten. Seine Kriegskontribution war hart und grausam gewesen, seine Sklaverei hatte $4\,{}^1/_2$ Jahre gedauert. Nun war es frei!

Frei? Schon melden sich andere Bedrücker. Ein zweiter, ein dritter Sieger steht bereit, um Volk durch Volk zu unterjochen. Dem Kenner der Höhen und Tiefen menschlicher Tragikomödie ist es eine dankbare Aufgabe, der vielen Schergen zu gedenken, die heute in den nichtdeutschen Ländern der ehemaligen Monarchie im Festkleid des Siegers einherschreiten und vor kurzer Zeit noch den ehemaligen Machthabern dieses zerfallenen Staates allseitige Dienste zur Hebung der Krieglust geleistet haben. Um nur ein Beispiel zu erwähnen: die meisten der berüchtigten elektrischen Folterungen mit dem Starkstrom dürfte, — allerdings unter »wissenschaftlicher« Patronanz — ein polnischer Militärarzt am Kerbholz haben. Als einst eine verwunderte Anfrage aus dem Felde kam, warum ein Mann mit Glotzaugenkrankheit und Lungentuberkulose auf Geheiß eines slavischen Kommandanten ins Feld geschickt worden sei, und dies trotz ausdrücklicher Feststellung seines Leidens, mußte auf Befehl die Auskunft gegeben werden,

10

»weil sich solche Fälle erfahrungsgemäß an der Front leichter erholten.«

Nun haben die Machthaber der Zentralmächte vor den Ententeregierungen kapitulieren müssen. Jetzt hätte das tief geknechtete, schändlich mißbrauchte Volk aufatmen können. Nun hätten alle zur Rechenschaft gezogen werden müssen, die ein unwissendes, in zwölf Stämme zerrissenes, führerloses Volk in den Krieg getrieben haben. Regierungen und ihre Handlanger, Verführer des Volkes, Quälgeister der eigenen, fremder Nationen und der Gefangenen, Kriegsgewinner und Volksausbeuter, durch Ehren und Titel und Geld bestochene und sadistische Richter, Ärzte, militärische Vorgesetzte hätten vor der entweihten Menschheit Rechenschaft abzulegen, Schadenersatz zu leisten und am Aufbau zerstörter Stätten teilzunehmen. Nicht anders die Kriegsdichter, Zeitungsschreiber und Schriftsteller, die nie die Meinung des Volkes, das sie nicht gekannt haben, vertraten, sondern den Generalstab, sofern sie nicht aus Wahnwitz, sondern aus selbstsüchtigen Gründen handelten, um ihr Geschäft zu machen, um enthoben zu werden oder um im Kriegspressequartier und Kriegsarchiv Unterschlupf zu finden. Auch der Seelsorger und jener Männer der »Wissenschaft« wäre nicht zu vergessen, die bis in die letzten Wochen durch ihre Stimmen den Leidensschrei der Völker übertönten und den Siegfrieden begehrten. Weg mit aller falschen Scham! Wer dieses in seiner Menschenwürde tief verletzte, geknebelte Volk gesehen und verstanden hat, das zur Schlachtbank getrieben wurde, der wird nicht müde werden, in die Welt hinauszuschreien: dieses Volk war unmündig und wurde mit allen Mitteln der List und Gewalt in Unmündigkeit gehalten! Es kannte keine Mittel der Gegenwehr, es besaß keine Führer, deren Stimme es hätte lauschen können! Seine Niederlage vollzog sich schon bei Beginn des Krieges, und es hat seinen eigenen Machthabern eine Kriegskontribution gezahlt, wie sie nie erhört war: das teuerste Blut ist verströmt, Hunger und Krankheit grinst aus den Gesichtern, die Seelen der Kinder sind heillos vergiftet, brach liegen Landwirtschaft und Industrie.

Jetzt, wo das Volk mündig werden soll, wo nur ein gewaltiger Strom erwachender Gemeinschaftsgefühle Rettung bringen kann, wo die wieder erweckte Menschenwürde nach Bestrafung der wirklich Schuldigen schreit, um das Vertrauen zur Menschheit wieder zu gewinnen, — bedroht uns die Regierung der Entente mit neuer Knechtschaft, foltert weiter das eben gefolterte Volk.

»Ist es aber auch wirklich so, daß Euch Österreicher die Regierung vollständig unterdrückt hat? Und Ihr konntet Euch wirklich nicht rühren? O, so erlaubt, daß wir Euch auch ein wenig unterdrücken!« In diesem Lichte muß uns heute das Verhalten der westlichen Machthaber erscheinen.

»Aber die Kriegsfreiwilligen!« wird man mir einwenden. Nun will ich zeigen, daß gerade an diesem Punkte sich die Beweisführung zu unseren Gunsten neigt. Ich glaube, ich habe alle Abarten von ihnen gesehen und geprüft. Als ich bald nach Kriegsbeginn zugunsten älterer, freiwillig eingerückter Ärzte vorsprach, um ihre massenhafte Versetzung zu verhindern, da antwortete man mir hohnlachend: »Glauben Sie, wir wissen nicht, daß die nur freiwillig eingerückt sind, weil sie gehofft haben, auf diese Weise einer Versetzung zu entgehen?« Ich konnte nur erwidern, daß die nicht eingerückten Ärzte die gleiche Hoffnung hatten. Die meisten der freiwillig Eingerückten, Mannschaft wie Offiziere, hatten schon bei ihrer Meldung

12

einen Posten oder eine Truppengattung im Auge, und hatten auch anfänglich nicht zu unterschätzende Vorteile. In ihrer Not suchten sie das kleinere von zwei Übeln.

Daneben gab es freilich eine kleinere Gruppe von Abenteuerlustigen, die in ihrem Unverstand mit einem ganz kurzen, fröhlichen Krieg gerechnet hatten und sich an die Front meldeten. Größer war die Zahl der Entgleisten, die diesen Weg wählten, um den Unannehmlichkeiten ihres Heims, ihres Berufes und anderer drängender Fragen zu entgehen. Da rückten Söhne an, die in Hader mit ihren Eltern lebten, die an die Front gingen, wie man einen Selbstmord verübt. Dann wieder Ehegatten, die in der Wut gegen ein verfehltes Leben handelten, »Fünfmal bin ich freiwillig an die Front gegangen und fünfmal hat man mich zur Beobachtung meines Geisteszustandes zurückgeschickt, klagte mir ein Rittmeister mit zwei Schädelschüssen, der ehemals aktiv zu Beginn des Krieges aus Amerika eingerückt war, wo er ein wüstes Leben geführt hatte.

Die meisten von ihnen aber, und auch der größte Teil aller, die Schwung und Haltung bewahrten, waren nichts anderes als O p f e r e i n e r f a l s c h e n S c h a m. Wer nur nach Hurra- und Hochrufen, nach prahlerischen Reden und übermütigen Liedchen urteilen wollte oder nach dem Drang sogar, sich auszuzeichnen, wie er zu Beginn des Krieges nicht selten zu sehen war, der verstände sich schlecht auf die Menschen. Eingepfercht, die Decke über dem Kopf, — so hörten wir alle den unerbittlichen Ruf zum Sterben. Nirgends war ein Ausweg, nichts konnte Rettung vor der Kugel des Profossen gewähren. Da taten sie, was in solcher Lage wenigstens die bedrückte Seele erleichtert: sie machten aus der Not eine Tugend! In dem Chaos, das sich vor ihnen auftat, griffen sie nach dem Ruf, der vom Generalstab ausging, und noch widerstrebend, taumelten sie bereits in die Richtung, wohin der Befehl sie wies. Und mit einem Male war ihnen, als ob sie selbst den Ruf ausgestossen hätten. Da wurde es lichter in ihrer Seele. Sie hatten den ersehnten Ausweg gefunden. Nun waren es nicht mehr gepeitschte Hunde, die man gegen ihren Willen dem Kugelregen preisgab, — nein, Helden waren sie, Verteidiger des Vaterlandes und ihrer Ehre! Sie selbst hatten ja den Ruf ausgestossen, und so zogen sie als Verfechter des Rechtes in den heiligen Kampf. Was den einzelnen noch immer verhindert hätte, das Blut von Brüdern zu vergießen, die heilige Scheu vor Menschenmord, schwand dahin im Rausche des wiedergefundenen Selbstgefühls und im Gefühl der Unverantwortlichkeit, das sich bei Massenbewegungen einstellt. In dieser seelischen Befreiung vom Gefühl tiefster menschlicher Erniedrigung und Entwürdigung, in diesem krampfhaften Versuch, sich selbst wieder zu finden, wichen sie scheu der Erkenhtnis aus, nur armselige Opfer fremder Machtgelüste zu sein und träumten lieber von selbstgewollten und selbstgesuchten Heldentaten. Zu Anfang des Jahres 1917 gelang es mir diesen seelischen Vorgang einem kleinen Kreis der Öffentlichkeit zu enthüllen. Ich schrieb damals in der »Internationalen Rundschau« (Zürich, Verlag Rascher) ungefähr folgendes: Wer uns, nur mit anderen Worten, sagt, was wir auch aus dem Militärreglement entnehmen können, hat abzutreten. Denn er kann uns nie etwas Neues über den Krieg sagen. Er hat den Gott des Generalstabs geschluckt, und der spricht nun aus ihm. Nicht aus Sympathie aber oder aus kriegerischen Gelüsten hat er sich so verwandelt. Sondern als er sich versklavt, besudelt am Boden krümmte und in seiner Herzensnot jede Richtung verloren hatte, als er sich in tiefster Schande aller Freiheit und Menschenrechte beraubt sah, da griff er, um nur irgend einen Halt zu gewinnen, nach der Losung des übermächtigen Unterdrückers und tat so, als ob er die Parole zum Krieg ausgegeben hätte. Nun hatte er wenigstens einen Halt und war der Schande und des Gefühls seiner Erbärmlichkeit ledig.

In der Armee, und bei den Ärzten erfreuten sich die Kriegsfreiwilligen nicht lange an ihrem Nimbus. Man fand bald die widerwilligsten Soldaten unter ihnen. Man erwartete bald nicht mehr Vorzüge bei ihnen zu entdecken, da man allzu oft vernahm, wie sie bei Urlauben, Einteilungen, Dienstverwendungen und Krankheitserklärungen auf ihr freiwilliges Einrücken pochten. So geschickt wie der kleine, schwarzhaarige Kriegsfreiwillige traf es freilich nicht jeder, der nach einigen Tagen seines Frontdienstes eine Zitterneurose simulierte, und, um einen Urlaub zu erhalten, sich sofort wieder ins Feld meldete. Während sein Befund beraten wurde, sprang er auf den Tisch, tanzte der Kommission vor der Nase herum und beteuerte ununterbrochen, daß er zu Kriegsbeginnn freiwillig eingerückt sei. Der Befund lautete auf längeren Urlaub und Verwendung im Hinterland wegen auffälligen Benehmens. Daß es auch Edelmenschen unter ihnen gab, zeigte ein anderer Mann, der nach einer geheilten Schußwunde vor seiner neuerlichen Einrückung einen Urlaub erhalten sollte. Er wies den Urlaubschein zurück mit den Worten: »Jetzt ist nicht die Zeit für einen solchen Schwindel. Es geht mir wirklich nicht um den Krieg, den hätten wir alle schon satt. Aber ich˙ bringe es nicht über mich, meine Freunde und Kameraden allein im Felde zu lassen.«

Über die Schuld dieses Volkes könnte nur urteilen, wer in seiner Mitte geweilt hat. Wie ungleich milder sind z. B. diese Kriegsfreiwilligen zu beurteilen als etwa ein Gelehrter, der noch 6 Wochen vor dem Zusammenbruch mit Eifer einen Siegfrieden verlangte, »weil wir sonst der Tuberkulose nicht Herr werden könnten.«

Nein! Wer in seiner Mitte geweilt hat, wird dieses Volk von jeder Schuld am Kriege frei sprechen. Es war unmündig, hatte keine Richtungslinien und keine Führer. Es wurde zur Schlachtbank gezerrt, gestoßen, getrieben. Keiner sagte ihm die Wahrheit. Seine Schriftsteller und Zeitungsschreiber standen im Banne oder im Solde der Militärmacht. Aus der Schande seiner Entehrung versuchte es sich unter die Fahne seines Bedrückers zu retten. Aus Schamgefühl über die frühere und gegenwärtige Entehrung schweigt es noch heute. Wenn Menschen Sklavendienste leisten sollen, wenn sie hungern, frohnden, zahlen und büssen sollen, dann halte man sich an alle, die das Höllenwerk ersannen, vollbrachten und an ihm mit Vorbedacht teilgenommen haben. Dem Volke aber soll Abbitte geleistet werden. Wenden wir uns zur Beratung, wie ihm sein Schaden vergütet werden kann.

Reprint Publishing

FÜR MENSCHEN, DIE AUF ORIGINALE STEHEN.

Bei diesem Buch handelt es sich um einen Faksimile-Nachdruck der Originalausgabe. Unter einem Faksimile versteht man die mit einem Original in Größe und Ausführung genau übereinstimmende Nachbildung als fotografische oder gescannte Reproduktion.

Faksimile-Ausgaben eröffnen uns die Möglichkeit, in die Bibliothek der geschichtlichen, kulturellen und wissenschaftlichen Vergangenheit der Menschheit einzutreten und neu zu entdecken.

Die Bücher der Faksimile-Edition können Gebrauchsspuren, Anmerkungen, Marginalien und andere Randbemerkungen aufweisen sowie fehlerhafte Seiten, die im Originalband enthalten sind. Diese Spuren der Vergangenheit verweisen auf die historische Reise, die das Buch zurückgelegt hat.

ISBN 978-3-95940-011-4

Made in Germany

www.ingramcontent.com/pod-product-compliance
Lightning Source LLC
Chambersburg PA
CBHW021344290326
41933CB00037B/729